DÉNONCIATION

AU ROI.

SAINT-DENIS.
IMPRIMERIE DE CONSTANT-CHANTPIE,
Rue de Paris, nᵒ 18.

Dénonciation ou Roi,

LETTRE

ADRESSÉE

A S. M. CHARLES X,

ET REMISE A MGR LE DAUPHIN

Ce 15 Août,

Par M.

Martial Marcet de la Roche Arnaud.

> Non, je n'ai jamais trouvé personne qui
> m'ait assez aimé pour vouloir me déplaire
> en me disant la vérité ......
> — FÉNÉLON, *Télémaque, liv. XII.*

PRIX : **1** F. **50** CENT.

Paris.

CHEZ LES LIBRAIRES DU PALAIS-ROYAL.

CETTE Lettre, faite d'abord pour répondre à celle que l'on attribuait à M. de Lally-Tollendal, fut ensuite continuée pour être adressée directement au Roi, et pour faire connaître à SA MAJESTÉ ce que la nation entière pensait du ministère Polignac. Elle découvre sans embarras et sans détour une grande conspiration des courtisans contre le peuple, et présente au Roi les ministres qui pourraient, dans les circonstances actuelles, convenir à la nation. Ce que cette lettre offre de particulier, c'est la franchise libérale avec laquelle les besoins du peuple et les dangers de l'État sont exposés sous les yeux du Monarque.

——◦——

SAINT-DENIS Imprimerie de CONSTANT-CHANTPIE.

DÉNONCIATION AU ROI.

LETTRE

ADRESSÉE

A S. M. CHARLES X,

ET REMISE A MGR LE DAUPHIN

LE 15 AOUT,

PAR M. MARTIAL MARCET DE LA ROCHE ARNAUD.

> O Prince! ô Rois! vous voyez que je vous parle sans intérêt : écoutez donc celui qui vous aime assez pour vous contredire et pour vous déplaire en vous représentant la vérité.
>
> TÉLÉMAQUE.

PRIX : 1 FR. 50 CENT.

PARIS.

CHEZ TOUS LES MARCHANDS DE NOUVEAUTÉS.

1829.

UN MOT

SUR LA MANIÈRE

DONT MA LETTRE A ÉTÉ REMISE AU ROI.

Quelques jours avant le ministère Polignac, une lettre adressée au Roi par je ne sais quel homme, qui n'avait pas même la conscience de vouloir le bien, puisqu'il n'osait s'y nommer; une lettre, dis-je, parut à peu près comme ces tristes avant-coureurs qui précèdent les plus violens orages, demandant des coups d'état, préchant le massacre des Français, et voulant à toute force l'esclavage. On cria beaucoup à la publication de cet écrit; mais on cria seulement, comme si les cris pouvaient faire quelque chose. On ne songea pas à monter plus haut pour effacer les malheureuses impressions qu'elle aurait pu faire. Il ne s'agit pas de gémir lorsque le salut du peuple est en danger, il faut travailler de tout son pouvoir pour le sauver.

Je voulus écrire au Roi, espérant que si ma lettre tombait sous les yeux de Sa Majesté, tout rentrerait dans l'ordre, et la liberté reviendrait tranquille au milieu de nous. Je n'ignorais point la difficulté de faire parvenir ma lettre. Que de courtisans il m'aurait fallu persuader; et ces gens là sont-ils faciles à persuader, surtout quand il est question du peuple? Je n'ignorais point non plus que beaucoup de gens se moqueraient de moi, parce que, simple et obscur citoyen, je me mélais de vouloir éclairer le monarque. N'importe; sans m'embarrasser des courtisans ni de ce qu'on pourrait dire ou faire, je ne songeai qu'à ces grands devoirs de citoyens, qui ne sont pas des chimères pour quiconque tient aux lois, aux principes, à sa patrie. Je fis la lettre la plus respectueuse et la plus franche du monde, et je me disposai à la remettre au monarque lui-même. Je partis pour Saint-Cloud. Mais là c'était bien une autre affaire. Comment parvenir jusqu'au prince? C'était bien moi, pauvre citoyen, sans titre, sans honneurs, sans caractère public, que l'on aurait laissé pénétrer dans le palais des rois! c'était bien moi que ces courtisans jaloux ou soupçonneux auraient laissé approcher de sa personne! *A* voir tous ces valets, tous ces gardes, tous ces grands seigneurs, les yeux égarés, l'air farouche, le ton menaçant, et me repoussant avec violence, on eût dit que je venais avec mille poignards, moi qui ne portais qu'une simple lettre que j'avais écrite uniquement pour faire échouer toutes les manœuvres des flatteurs et de mauvais conseillers.

Ce n'est pas tout : des hommes sinistres et noirs suivirent partout mes pas, ne laissèrent échapper aucun de mes gestes, de mes regards; et malgré toute la longueur du Bois de Boulogne, ils m'accompagnèrent jusqu'à ma demeure.

Le Roi devait venir à la procession le 15 août. Pour le coup, me dis-je, l'occasion est favorable. Il n'y aura point là courtisan qui tienne, S. M. recevra ma lettre : c'est moi qui la remettrai et nul ne sera assez audacieux, je pense, pour m'empêcher de le faire.

Je ne lis les journaux que le soir. J'ignorais donc ces horribles machinations que le parti apostolique avait tramées pour abuser le Monarque et pour commencer les troubles civils. Je me rendis à la métropole, portant toujours ma lettre ; et épiant le moment de la remettre au Roi, sans songer que toute innocente qu'était cette démarche, elle pouvait singulièrement me compromettre. Je frémis en pensant que les ennemis du peuple pouvaient à l'instant donner leur signal, me signaler comme un des principaux moteurs du trouble, et me traiter peut-être comme un nouveau Damiens.

C'est la seconde fois qu'il m'arrive de m'exposer, sans le savoir, à des périls semblables : je me suis bien promis d'être plus sage à l'avenir. J'ai appris que l'innocence est bien peu de chose aux yeux de ces gens qui s'efforcent de parvenir au premier rang aux dépens de la justice et de la vertu.

Ne pouvant donner ma supplique dans la métropole, je me plaçai sur le quai, et cette fois je résolus de la présenter à Monseigneur le Dauphin, persuadé qu'elle arriverait plus sûrement au Roi. *Si* Sa Majesté *l'eût reçue lui-même, il pouvait la donner à quelque courtisan qui se trouvait près de lui, et Dieu sait si ma lettre aurait été rendue. Aussitôt donc que j'aperçus le fils de notre Monarque, en dépit d'une populace soupçonneuse, d'une haie de soldats prévenus, de quelques courtisans trop zélés qui se jetaient sur moi comme sur quelque affreux conspirateur, je m'approchai, ou plutôt je m'élançai, en élevant ma lettre avec une sorte de triomphe, et je la remis respectueusement à Son Altesse Royale Monseigneur le Dauphin, qui l'ouvrit et en lut d'abord quelques lignes.*

Ma lettre est donc remise. Je ne m'inquiète plus de son sort : sans doute elle a été dans les mains du Roi, et nous saurons bientôt que ce n'est jamais en vain qu'on fait parvenir la vérité au véritable Père de la Patrie.

LETTRE

ADRESSÉE

A S. M. CHARLES X.

SIRE,

La vérité de tout temps est parvenue difficilement jusqu'au trône.

Les peuples ne seraient point si malheureux, si les rois les connaissaient mieux.

Dans un moment où la fureur des partis entraîne tout, et où le gouvernement menace ruine de tous côtés, Votre Majesté saura peut-être gré à un jeune citoyen de lui avoir adressé quelques mots sur la vraie situation des choses.

Dans un gouvernement représentatif, ou, pour parler plus clairement et plus juste, dans un gouvernement où les hommes ne sont rien, parce

que tout est soumis à l'empire des lois, où l'on
ne rit point impunément du grand nom de citoyen, il est du devoir de tout particulier d'é-
clairer le prince sur les dangers où le précipitent
ceux qu'on appelle si étrangement des hommes
d'État.

Les rois et les *gouvernemens* ne peuvent faire
le mal, mais il est fait par les hommes qui les
dirigent et les conseillent. Alors il est du devoir
rigoureux, de découvrir leurs perfides manœuvres
et de les dénoncer.

Sire, quand vous êtes monté sur le trône, la
France se trouvait dans un état que l'on pouvait
appeler heureux, s'il eût été pourtant plus af-
fermi. Elle jouissait, du moins en apparence,
d'une glorieuse tranquillité, achetée par bien du
sang, acquise par des sacrifices incroyables, et
conservée par la Charte de Louis XVIII, qu'elle
avait choisi pour le protecteur de sa liberté. Nos
ennemis nous avaient vendu bien cher la paix
que nous avions désirée depuis long-temps, et les
douceurs de cette paix faisaient revenir parmi
nous l'abondance que les désordres de mille
guerres en avaient bannie pendant bien des an-
nées. Le commerce reprenait avec éclat dans
toutes les villes, et si l'esprit de quelques citoyens eût été aussi éloigné de la guerre civile
et de l'oppression, que notre fortune semblait
l'être de l'adversité, la France se serait relevée

en peu de jours de ses misères par un repos plein d'opulence et de prospérité. Mais la jalousie qui dominait quelques partisans de la tyrannie, et les semences de haine que nos troubles avaient laissées dans les cœurs, étaient des restes dangereux qui marquaient assez que ce grand corps politique n'était pas entièrement guéri de ses convulsions terribles, et que, sous une guérison apparente, il cachait encore les germes des maladies les plus graves. L'ancienne noblesse, qui se croyait déjà maîtresse absolue de toute puissance, ne pouvait oublier les injures qu'elle prétendait avoir reçues du peuple dans le temps qu'il se faisait lui-même une justice qui doit épouvanter les nobles imprévoyans, les rois, et le peuple tout le premier. Le peuple de son côté, depuis qu'il a repris des droits qu'il avait perdus, ne peut plus souffrir la domination, et redoute singulièrement et avec raison cet absurde gouvernement féodal, qu'une partie misérable de l'ancienne noblesse s'est mis en tête de rétablir : rêve funeste et tout sanglant, inextricable erreur dans laquelle vinrent de tout temps s'engloutir l'autorité du prince, la fortune et le repos du peuple, et cette noblesse elle-même, insensée, téméraire, qui ne souleva toujours les flots les plus furieux des guerres civiles que pour venir s'y briser misérablement et en être la première victime.

Je ne vous dirai point, Sire, que l'état est sur le

bord du précipice; je n'en sais rien, et qui le sait?
Tout ce que je vois, me le fait croire; tout ce que
l'on fait, me le confirme. Je l'avais prédit dans
quelques écrits; mais, dans ces temps de vertige
et d'erreur, les plus prévoyans sont-ils seulement
écoutés? Ce sont d'ailleurs de ces choses que l'on
ne connaît que lorsque tout est perdu sans res-
source, et les plus sages comme les plus clair-
voyans ne le sentent que lorsque la terre tremble
sous leurs pieds, et s'ouvre pour les engloutir
avec ceux qui se moquent de tout et qui parais-
sent les plus assurés. Mais, Sire, la constitution
des choses nous fait voir plus que suffisamment
que l'orage s'amoncèle et que la nue n'est pas
loin de crever. D'horribles divisions tyrannisent
l'état. Ce n'est plus la raison, ce n'est plus la justice qui présidentà nos délibérations. La faiblesse,
l'emportement, le dépit, la cupidité, l'esprit de
parti se disputent tour à tour le droit de faire des
lois, et l'on se fait un jeu de l'art difficile de gouverner les hommes. Le peuple voit tout cela et ne dit
rien encore. On dirait qu'il n'attend que les der-
nières entreprises de ceux qui veulent l'opprimer, moins par ambition que par une lâche avarice
et par un sot dédain. Il se contente de mordre
le frein qui le modère; mais craignons que le
lion ne se lasse de rugir vainement. Il est terrible;
sa colère ressemble aux grands coups de foudre.
Elle fait de violens éclats et a des effets dange-

reux, lorsque les élémens dont elle se forme se sont long-temps combattus. On se fie trop sur la force : la force n'est rien sans les lois ; et, dans ces momens de terreurs et de dangers, tout à coup on cherchera, en s'éveillant comme à tâtons, ces lois qu'on avait négligées, et peut-être foulées aux pieds, on ne les trouvera plus. L'on s'épouvantera alors ; on criera ; mais que pourront les cris et la raison devant un despotisme populaire qui ne nous aura laissés sortir de notre léthargie que pour nous y faire rentrer par des convulsions.

Il y a des gens, Sire, qui ne voudraient que de grands coups politiques pour écraser le peuple. Les imprudens! ils ne savent donc pas que le peuple peut bien être écrasé un moment, mais que bientôt il écrase sans peine tous ceux qui s'étaient crus plus forts que lui. Sire, les grands et les courtisans n'ont jamais fait la puissance d'un prince, c'est le peuple seul que l'on a l'air de tant dédaigner. Les grands sont toûjours ingrats, dès qu'on ne peut plus assouvir leur avarice ou leur ambition ; mais le peuple aime toujours son roi, quand son roi l'aime aussi, parce qu'il ne prétend ni aux places, ni aux pensions. Il ne vous demande que la liberté, et la liberté qu'il veut, vous pouvez aisément l'accorder. Elle assure la durée de votre puissance ; elle augmente votre autorité ; elle vous élève au-dessus de tous les monarques ; elle consolide un trône que les nobles

ont de tout temps ébranlé par leurs intrigues. Je
sais qu'ils n'oublieront rien pour vous mettre
dans l'esprit que la liberté est toujours dangereuse
dans les mains d'un peuple. Ils vous trompent,
Sire, jamais peuple n'abusa de la liberté que les
nobles ne lui en aient donné l'exemple ; eux seuls
l'ont poussé à la révolte : c'est toujours par eux
que commencent les séditions. L'histoire de notre
monarchie n'est que l'histoire de leurs attentats
contre le trône.

Non, Sire, ce n'est pas tant la liberté du peuple
qui est à craindre pour la maison des Bourbons,
que la puissance de la noblesse toujours portée à
troubler l'état par des guerres civiles. Sire, je
veux vous le dire, c'est moins l'intérêt de Votre
Majesté qu'elle veut, que ce pouvoir de tout bou-
leverser par des factions, comme elle faisait au
commencement du règne de Louis XIV, sous
Louis XIII, sous ce bon Henri qu'elle assas-
sina aussi bien que les jésuites, et généralement
sous tous vos ancêtres. Elle veut à toute force
vous persuader que dans un gouvernement représentatif vous n'êtes rien, parce qu'elle n'a
plus le privilége d'opprimer, de spolier le peuple,
et de faire trembler à tous momens la puissance
royale.

Sire, un roi absolu n'est rien ; ce ne peut être
tout au plus qu'une ombre de puissance ; mais un
roi véritablement constitutionnel est, pour parler

ainsi, l'âme de son peuple, comme la raison est l'âme de la loi; et la noblesse n'est l'ennemie du peuple, que parce que la liberté du peuple la met infiniment au-dessous du roi, et l'empêche d'avoir jamais le roi lui-même pour esclave.

On vous dira que c'est la république ou l'anarchie que l'on veut obtenir, c'est une calomnie. Le peuple français sait bien à quoi s'en tenir de ces belles républiques que quelques seigneurs féodaux lui promettaient. Il sait ce que c'est que la véritable indépendance, et il ne se laisse plus entraîner par de brillantes illusions. Il sait qu'une monarchie qui repose sur des lois vaut mieux qu'une république, et que la liberté et l'égalité ne sont plus une anarchie ni des chimères quand on n'est soumis qu'au doux règne des lois. S'il y a quelques braves gens qui regrettent Napoléon, ce n'est point cependant la nation entière qui verse encore bien des larmes sur son injuste captivité; mais qui n'ignore pas que ce héros, tout grand qu'il était, s'accoutumait à la gouverner avec un sceptre de fer. Le peuple aima Napoléon, tant que Napoléon ne fut que l'homme du peuple, mais dès que cet esprit ambitieux, hardi, entreprenant, sublime, impatient de secouer le joug de l'opinion républicaine, voulut se précipiter dans la monarchie absolue, le peuple lui retira son attachement, et dès lors son empire dut crouler avec fracas.

2

Le peuple est sans doute passionnément amoureux de la gloire, mais non pas au préjudice de la liberté. Quand la victoire le mène à la servitude, il court de lui-même au-devant des défaites, et il se console des plus horribles catastrophes, pourvu qu'il brise ses fers ou qu'il abatte son tyran. Voilà le caractère des Français ; voilà ce qui est arrivé au plus grand héros de ces derniers temps.

Vous êtes leur Roi, Sire, ils n'en veulent point un autre. Ceux qui disent le contraire sont des lâches qui les calomnient : là dessus il n'y a point parmi le peuple la moindre ombre, je ne dis pas de division, mais même de mécontentement.

Sire, environnez votre trône de toute la liberté possible et d'une sage constitution, vous serez le plus heureux comme le plus tranquille des monarques. Tous les rois absolus vivent misérablement et presque toujours finissent de même. La servitude est une source inépuisable de maux, de crimes et de malheurs ; mais à mon sens, dans un gouvernement comme le nôtre, je ne sais s'il pourrait y avoir rien de plus funeste et de plus fécond en ruines qu'une demi-liberté ou qu'un demi-esclavage. Sans doute l'arbre de la liberté n'est pas de tous les temps ni de tous les climats, qui ne le sait ? Mais, Sire, Votre Majesté sait aussi plus que tout autre, que le peuple

français est le peuple du monde le moins capable de s'en passer et le moins capable aussi
d'en abuser, s'il n'y a pas quelque grand qui
l'y pousse ; et d'ailleurs vous êtes né, Sire, pour
régner sur le peuple le plus libre, le plus éclairé
et le plus poli de l'univers.

Pour moi, si j'étais prince, je ne voudrais
point que mon état fût livré à la merci de quelques courtisans, ou de ces ministres corrompus
qui ne gouvernent que par avarice ou par vanité.
Je voudrais que tout fût libre et soumis, que
tout cédât aux institutions du pays, et que l'âme
de ces institutions fût la raison, sans laquelle il
n'y a rien de solide et de bon. Malheur au pays
où il y a quelqu'un au-dessus des lois. Ce quelqu'un-là finira par se rendre maître de tout. Ne
soyons pas plus sages que Dieu, qui a lui-même
des lois auxquelles, dit Montesquieu, il ne sau-
rait manquer. Point de licence, mais point de
tyrannie non plus. Des lois! des lois! voilà la
source du bonheur des peuples, le seul garant
des riches et des rois, le vrai soutien des em-
pires ; à l'instant que l'on sort de là pour mettre
l'homme à la place de tout, on donne prise au
despotisme, à l'anarchie ; on détruit tout sans
pouvoir rien relever. Ne vous fiez point aux vertus
ni aux plus solennels sermens. Tous les grands
auraient beau me jurer de gouverner l'état dans
la plus grande équité, ils ne me rassureraient ja-

mais de mes frayeurs. Du temps que les bêtes parlaient, disait le cardinal Mazarin, le loup assura avec serment à un troupeau de moutons qu'il le protégerait contre tous ses camarades, pourvu que l'un d'entre eux allât tous les matins lécher une blessure qu'il avait reçue d'un chien. Je conçois. Voilà pourquoi, Sire, je me permettrai de dire à Votre Majesté, que si j'avais le malheur d'être roi, je voudrais, plus que tout autre, être soumis à des lois, et si j'avais à choisir un autre pays que le mien, je choisirais un lieu où les lois seraient absolument tout, et où les hommes ne seraient absolument rien.

A Dieu ne plaise que je trouve à redire à ce qu'ordonne Votre Majesté; mais elle me permettra de lui faire connaître que les nouvelles ordonnances ont répandu partout l'alarme, et qu'il eût été à souhaiter qu'il n'eût paru dans les esprits aucune inquiétude sur le ministère de M. de Polignac, et que même on ne l'eût pas cru possible. Sans doute on ne doit pas revenir sur les actes de Votre Majesté, mais l'éloignement de M. de Polignac ayant été jugé nécessaire par les vœux unanimes de toute la France, il semble qu'on ne puisse l'appeler au pouvoir exécutif, sans douter en même temps du salut de l'état, dans lequel il jetterait, innocent ou coupable, le trouble, la division et l'inquiétude; car ce qui cause les grands mouvemens dans les états

qui souffrent, est l'appréhension d'un mal nouveau qui saisit toutes les imaginations, et qui leur
fait croire qu'il ne finira jamais. Si les craintes
que ce personnage inspire sont fondées, elles
produiront ces effets si funestes; si elles n'ont
point de fondemens, elles ne laisseront pas que
de donner toujours des terreurs d'une consé-
quence très-dangereuse par les prétextes qu'elles
fourniront aux perturbateurs du repos public,
aux amis de l'ordre, à ceux même qui sont les
plus éloignés des intrigues et des partis.

Ah! Sire, que nous avons à déplorer que, seul
avec Monseigneur le Dauphin, vous n'ayez pas
jeté les yeux sur ceux qui devaient composer le
nouveau ministère, les affaires auraient assuré-
ment une autre face; on ne serait pas perpétuel-
lement en proie à ces défiances qui alarment le
public, qui inquiètent les esprits et qui déchi-
rent l'état. Le repos du gouvernement serait as-
suré, et nous ne serions pas présentement en
peine de supplier Votre Majesté d'écarter ces
restes de Villélisme, et ces fantômes de la féo-
dalité qui menacent notre liberté et votre puissance.

Le plus capital ennemi que vous avez encore
est la faction apostolique; elle l'a été de tout
temps de votre maison. Servez-vous de ces fiers
républicains qu'on flétrit devant vous, plutôt que
de traiter avec les nobles et les ultramontains aux

conditions qu'ils exigent. Votre Majesté assuré-
ment ne veut point la guerre civile, encore moins
le sang du peuple français : il en a bien été assez
répandu. Y a-t-il un seul coin de la terre qui n'en
ait pas reçu quelque goutte? Je prends donc la
liberté de lui dire qu'elle me remerciera de ce
que je lui déclare qu'il serait répandu contre son
intention. Il le serait, Sire, et il le serait à grands
flots en moins d'un an, si l'on prenait les moyens
que le parti sacré propose. Oui, Sire, ayez recours
à ce qu'on appelle, je ne sais trop pourquoi,.
parti républicain. Il est composé des plus nobles,
des plus éclairés et des plus honnêtes citoyens;
faites-en vos ministres, vous n'en aurez jamais
eu de plus fidèles, de plus zélés, de plus sages;
ils ne sont point mercenaires. Ils ne demandent
jamais les places; ils ne les acceptent que pour
faire le bien. Mettez-les à la tête du gouvernement, ils ne le déshonoreront pas, au moins aux
yeux des nations étrangères et du peuple qu'ils
auront à gouverner. Faites-en les appuis du trône,
jamais il n'en aura eu de plus fermes; à la vérité
ils seront plus au peuple qu'à Votre Majesté;
cela n'est-il pas dans l'ordre? mais ils ne veulent
pas, comme les courtisans et les ultramontains,
la perte de l'état. Leurs intentions, leurs sys-
tèmes, leur marche, sont pures, justes et raison-
nables; enfin tout, Sire, plutôt que de céder rien
à ces prétendus grands seigneurs qui ne veulent

pas être du peuple, et qui, dans le fond, médi-
tent l'abaissement de toutes les prérogatives
royales.

D'ailleurs, pour toutes sortes de raisons, les
courtisans sont incapables du ministère, les prê-
tres encore plus. Dieu nous préserve d'avoir encore des Richelieu, des Mazarin, des Fleury, ils
ont précipité le règne de Roberspierre. Je sais
bien qu'à la cour on dira le contraire, mais on
sait qu'à la cour on n'entend rien aux affaires
d'état.

Que de qualités suppose l'honorable fonction
de ministre! il ne suffit pas d'avoir un nom. Dans
un gouvernement comme le nôtre, on ne se contente plus de ces riens-là. D'ailleurs un nom peut
être fort beau dans un parti, et ne l'être pas dans
un autre. Le nom de Polignac peut être fameux
à la cour, mais il n'est rien du tout pour le peuple; ce ne sont plus les ombres de nos aïeux
qui nous gouvernent, l'empire des préjugés est
tombé. On ne pense plus à la ville comme on
pense à la cour : l'opinion est enfin revenue dans
son propre domaine. Il faut plus que de la nais-
sance pour devenir ministre, il faut de la bonne
foi, de l'honneur, de l'esprit, des talens, de la
probité, et l'amour du bien public surtout. Il y
a bien quelque chose qui supplée aux lumières
qui manquent, mais rien ne supplée à la vertu,
et le peuple en veut absolument. Les courtisans

et les oppresseurs la redoutent et la fuient. Je le crois, car la vertu est encore une puissance, et cette puissance a le pas sur toutes les autres.

SIRE, permettez-moi, je vous supplie, de faire ici une triste réflexion, et de considérer avec douleur cette illusion scandaleuse et continuelle avec laquelle des ministres sans talens, sans connaissance, sans honneur, se jouent véritablement du nom et de la parole sacrée du meilleur et du mieux intentionné Roi qui soit au monde, et avec laquelle d'un autre côté des députés des départemens, quelques nobles pairs se jouent d'eux-mêmes, de VOTRE MAJESTÉ, du peuple, par des contradictions, par des attaques, par une jactance puérile, plus convenables à la légèreté d'une faction méprisable qu'à la majesté d'un sénat. SIRE, il ne faut point souffrir que sous prétexte de royalisme, l'on continue tous les jours à donner de nouvelles atteintes à l'autorité royale et à l'honneur de la nation. Il faut encore moins souffrir, à la tête des affaires, ces hommes d'état honnis, décriés, méprisés de tout le monde. Un ministre du Roi, affaibli dans l'opinion, nuit toujours à l'autorité royale en ce qu'il cause inévitablement mille désordres dans l'état, et qu'il trouve toujours plus d'avantage pour son particulier dans la diminution de l'autorité que dans son agrandissement : c'est ce qui arrive dans les temps de partis.

Sire, vous êtes bon, le peuple le sait, c'est pour cela qu'il vous adresse avec confiance ses plaintes, et qu'il vous supplie de mettre un terme au mépris insultant que lui prodigue une faction méprisable, qui serait bientôt dispersée et anéantie si Votre Majesté le voulait. Cette faction, qui se regarde niaisément comme l'état tout entier, et qui ne cesse de répéter : L'état, c'est moi, outrage indignement Votre Majesté au point de lui assurer qu'elle n'a que cinquante mille sujets dévoués et fidèles, et ose accuser le reste de la nation, c'est-à-dire, plus de trente millions de Français, de manquer à l'honneur, à la soumission, au Roi. Sire, si le peuple vous doit obéissance, vous lui devez aussi toute justice et tout appui. Ces calomnies sont trop publiques et trop odieuses pour n'être pas sévèrement punies : il y aurait quelque danger à les tolérer. Malheur à ces indignes calomniateurs qui se donnent des airs de braves et de héros, parce qu'au fond le vrai courage leur manque. Si le peuple en demandait raison, on verrait bientôt à quoi se réduit tout cet étalage de bravoure et de dévouement. Ils laisseraient périr leur prince, et s'enfuiraient lâchement comme ils l'ont déjà fait.

Sire, à ce propos, je me permettrai de porter jusqu'à vous une plainte bien légitime que vos ancêtres n'entendirent jamais peut-être, et que jamais peut-être non plus aucun peuple éclairé ne s'est trouvé dans la nécessité de faire, si ce n'est le peuple français.

Sans peuple il n'y a point d'état; c'est le peuple qui fait tout. Il loge, nourrit, vétit, abreuve, enrichit les courtisans qui le méprisent, et quelques grands qui l'insultent. Sans le peuple ils seraient tous moins que rien; cependant voit-on le peuple appelé au gouvernement de l'état? ne suffit-il même pas d'avoir son estime pour être repoussé du ministère et privé de tout honneur? Ne voyons-nous pas tous les jours que les places, les cordons, les pensions, sont refusés aux plus honorables et aux plus grands citoyens, par l'unique raison qu'ils ont l'amour de leurs concitoyens et qu'ils sont infiniment plus habiles que les courtisans? N'est-il pas vrai qu'on nous fait même un crime d'être honoré du peuple, et qu'on est presque accusé du crime de lèze-majesté sitôt qu'on en reçoit quelques faveurs? car le peuple a aussi les siennes que bien des gens avec raison préfèrent à toutes les autres. SIRE, vous êtes embarrassé dans le choix des ministres; prenez, non pas ces écrits menteurs qui vous disent que le peuple est indocile et rebelle; mais ces écrits indépendans, libres, courageux, où l'on ne craint pas d'exposer la vérité, et où tout est l'expression de la nation entière; vous aurez tout ce qu'il vous faut pour assurer la liberté de la France. Vous trouverez MM. Lafitte, Benjamin Constant, Dupont de l'Eure, Lafayette, Labbey de Pompières, Casimir Perrier, le général Gérard, Bignon, Sébastiani, le baron Louis, Victor de Tracy, Etienne, Kératry, Bavoux, Chauvelin, de Corcelles; vous en trouverez d'autres qui n'auront ni moins de talent ni moins de vertus; et qui ne sont pas moins les amis du peuple quoiqu'ils soient moins connus.

Sire, un mot de votre bouche, bientôt il n'y aura plus de division parmi nous, et près de vous les plus grands monarques de la terre ne seront rien. Dites à la France qu'elle est libre, et au peuple qu'il n'a plus rien à craindre pour sa liberté; chassez les courtisans et toute cette race de jésuites qui en veut à la famille des Bourbons, parce que les Bourbons ont les premiers demandé leur destruction. Appelez le peuple autour de vous, que vos ministres soient des hommes de la nation, et non pas des hommes de priviléges; proclamez l'indépendance de la pensée, de la presse, de la religion, et vous verrez, non pas ces cinquante mille valets qu'on vous a promis pour massacrer les Français, mais trente millions, oui trente millions de citoyens qui se presseront autour de vous, qui se disputeront l'honneur d'être attachés au char du vrai père de la patrie et du restaurateur de la liberté, qui vous mèneront en triomphe au milieu de tous les transports d'une reconnaissance sincère et d'un atta-

chement durable. Quelle gloire ! quel triomphe !
quel règne que le vôtre !

Ah ! Sire, vous seriez dès-lors un Roi tout nouveau ; de vous daterait un règne de liberté dont
on ne trouverait point d'exemple ; vos ancêtres
ne seraient plus rien, vous les auriez tous effacés.
Quand nos enfans liraient l'histoire, ils n'iraient
pas chercher le fondateur de notre monarchie
dans les rois dont à peine on connaît les noms,
parce qu'ils n'ont rien fait pour le peuple ; vous
seriez vraiment le fondateur d'un nouvel empire,
d'une dynastie glorieuse que la plus belle nation
du monde ne cesserait d'environner de son respect et de son dévouement ; on n'admirerait plus
tant Louis XIV, ni ses magnifiques palais , bâtis
sur le sang du peuple et sur les larmes des malheureux , mais on admirerait éternellement
Charles X, on dirait de lui : « Il fut le premier Roi
» libre qui régna sur un peuple libre ; tous les
» rois avant lui craignaient la liberté : plus sage,
» Charles X voulut qu'elle fût le seul fondement
» du trône, et son trône n'aura point de fin. »

Sire , il ne me reste, en finissant de vous adres-
ser cette lettre, qu'à vous supplier de prendre en
considération la misère du peuple, qui n'a point
de pain, point de travail, point de commerce,
point de sécurité, qui languit, souffre, murmure,
s'impatiente, qui ne voit dans l'avenir que des
maux, et qui s'imagine qu'on lui fabrique déjà

des chaînes. Quelques hommes maladroits le poussent à bout par leurs clameurs insensées, Sire, imposez-leur silence. Le peuple vous demande justice, il se met à vos pieds pour l'obtenir, et, Sire, ce ne sera pas sans émotion que vous verrez à vos genoux ce peuple admiré, craint, aimé et respecté dans tout l'univers : ce spectacle vaut bien au moins celui de quelques courtisans, qui ne sont aux pieds des princes que par bassesse et par avarice.

Un homme qui a dernièrement écrit à Votre Majesté une lettre bien peu respectueuse et bien indigne d'un Français, dit que de hautes convenances l'empêchent d'y mettre son nom. Ce sont d'étranges convenances que les siennes ! Quant à moi, grâces à Dieu, je ne m'embarrasse point de ces convenances, qui ne sont que le fard de la flatterie, de la trahison ou de la servitude ; elles outragent à mon avis le Roi, elles ne sont point dignes d'un homme. Je suis citoyen français, je ne vois pas qu'il y ait quelque inconvenance à écrire au Roi pour lui porter les plaintes, le malaise du peuple, et pour lui faire connaître les dangers qui l'environnent : ce serait même l'outrager que de penser que cela l'offense. Les seigneurs de la vieille cour vous diront que ce n'était pas ainsi que de leur temps on écrivait au Roi ; Sire, j'ignore le langage des courtisans et je ne veux jamais l'apprendre, mais je parle la

langue du peuple, et au besoin j'aurais la signa-
ture de trente millions de citoyens; cela vaut
bien tout le reste. J'écris au Roi avec franchise ;
c'est la seule manière de l'honorer et de lui mon-
trer mon respect et mon dévouement sincères.

Daignez agréer, Sire, etc.

M. M. de la Roche Arnaud.

P. S. On dit dans tout Paris que demain vos
ministres établissent la censure. Sire, permettez-
moi de dire à Votre Majesté que vos ennemis ne
pourraient pas mieux s'y prendre pour faire le
mal et pour vous trahir. Quelle ineptie! igno-
rent-ils donc qu'ils vont accumuler toute sorte de
maux sur nos têtes, et qu'en dépit de toute la
police et de la force armée, on nous inondera de
plus de libelles et de pamphlets qu'il ne peut se
répandre de feuilles de journaux. Les mauvais
écrits, pour se venger des ministres, vont sortir
par milliers de dessous terre ; Sire, le peuple vous
supplie d'éloigner ces terribles fléaux.

9 782019 292270